Alexandra Thoese

# *Seelenpoesie* ⁑²

## Heilsames aus dem Herzen

© 2021 Alexandra Thoese

Autorin: Alexandra Thoese
Umschlaggestaltung: Alexandra Thoese
Bilder: Eva-Maria Thoese
Coverfoto: Maika von Wolfframsdorff

Verlag & Druck:
tredition GmbH, Halenreie 40-44, 22359 Hamburg

ISBN:
978-3-347-20396-9 (Paperback)
978-3-347-20397-6 (Hardcover)
978-3-347-20398-3 (e-Book)

Bibliografische Information der Deutschen Nationalbibliothek: Die Deutsche Nationalbibliothek verzeichnet diese Publikation in der Deutschen Nationalbibliografie; detaillierte bibliografische Daten sind im Internet über http://dnb.d-nb.de abrufbar.

# Seelenpoesie ✺²

## Heilsames aus dem Herzen

**Behutsam**
**nehme ich dich in meine Hände**
**und wiege dich in mein Herz.**
**Dort darfst du weilen.**
**Für immer.**

Alexandra Thoese

## Vorwort
von Eckhard Neuhoff

Liebe, Vertrauen, innere Heilung, sich selbst wahrnehmen und Frieden schließen: Dies sind die Themen, denen Alexandra sich in ihrem neuen Gedichtband achtsam und ausführlich zuwendet. Wenn ich dem Klang und der Melodie ihrer Worte nachspüre, fühle ich mich darin geborgen, verstanden, in meinen Wünschen und tiefsten Bedürfnissen wahrgenommen und angenommen. Es ist, als spräche sie sanft und tröstend zu meinem inneren Kind.

Das innere Kind in sich selbst zu entdecken und mit ihm in Verbindung zu kommen, es zu integrieren, ist zur Zeit auch mein ganz persönliches Thema. Und es ist zugleich ein überaus wichtiges Thema in Verbindung mit dem Erkenntnisweg der inneren Heilung.

Dass Alexandra zeitgleich mit meiner Beschäftigung diesen Gedichtband herausbringt, der sich so wunderbar und passend dort einfügt, empfinde ich als großes Glück und als Geschenk. Und es ist sicherlich kein Zufall, denn schon aus der Lektüre ihres ersten Gedichtbandes »Seelenpoesie« habe ich mitgenommen, dass wir auf dem gleichen Weg sind, mit nahezu identischen Zielen.

Auch sprachlich sind wir uns sehr ähnlich. Das mag daran liegen, dass wahre Poesie immer dem Herzen entspringt und dessen ureigene Sprache ist. Und liebende, offene Herzen, die sich auf dem Weg der Wahrheit befinden, ähneln einander immer und verstehen sich. Sie sprechen die gleiche Sprache.

Alexandras Sprache ist zutiefst poetisch, tiefgründig, warmherzig und äußerst nuanciert. Wer sich darauf einlässt, dem offenbart sich eine friedvolle, bestärkende und tröstende, Mut-machende Innenwelt, die alle suchenden und zweifelnden Menschen herzlich dazu einlädt, Kraft zu tanken, zu genießen und zur Ruhe zu kommen.

Dieses Buch lädt dazu ein, sich inspirieren und begeistern zu lassen. Mich freut und berührt es sehr, dass ich dazu ein paar erste einleitende, einstimmende Worte verfassen durfte. Und so wünsche ich diesem Buch und seiner Verfasserin ganz viel Erfolg und zahlreiche lesende Menschen!

Im Winter 2020/2021

**_Eckhard Neuhoff_**

Schriftsteller, Poet und Blogger
www.entwicklungsstufen.wordpress.com

# Frieden

Komm in den Frieden,
raunt das Herz.
Ich komme in Frieden,
ruft der Verstand.
Friede sei mit dir,
segnet die Seele.

Ich wähle Frieden.
Achtsam atme ich.
Stille kehrt ein.
Sanftheit und Weite.
Wärme durchströmt mich.

Mein Körper entspannt.
Mein Herz wird weich.
Mein Verstand verstummt.
Meine Seele dehnt sich.

Mit jedem Herzschlag,
wähle ich Frieden.
Mit jedem Atemzug,
wähle ich Frieden.
Mit jeder Bewegung,
fülle ich meine Zellen
mit Frieden.

Friede sei mit mir, flüstere ich.
Friedvoll dehne ich mich aus.
Friedlich lege ich mich ins Gras.

Ich schaue in den Himmel.
Ich erinnere mich:
Frieden ist überall.
Im Frieden sein
bedeutet Annahme.
Ich erinnere mich,
dass ich wähle.
Jeden Augenblick neu.
Mit jedem Atemzug.

Ich entscheide mich.
Ich wähle Frieden.

# Wahrheit

Was wenn es wahr ist,
dass die Vergangenheit vorbei ist?
Was wenn es wahr ist,
dass du nicht zurückreisen wirst,
weil es kein Ticket hierfür gibt?
Was wenn es wahr ist,
dass Leben stets voran schreitet?
Was wenn es wahr ist,
dass jeder Schritt dich vorwärts führt?

Was wenn es wahr ist,
dass hinter den Wolken weiterhin
die Sonne scheint?
Was wenn es wahr ist,
dass der Mond vollständig da ist,
auch wenn du nur die Sichel siehst?
Was wenn es wahr ist,
dass die Erde dich trägt und nährt?

Was wenn es wahr ist,
dass Gefühle durchfühlt werden wollen
und lauter werden, wenn du sie
wegschieben willst?

Was wenn es wahr ist,
dass Kummer und Freude Verwandte sind?
Was wenn es wahr ist,
dass Heilung und Vergebung möglich ist?
Was wenn es wahr ist,
dass nach dem Hinderniss die Liebe wartet?

Was wenn all dies wahr ist?
Was würdest du wählen?

## Seelenwärts

Der Pfad führt seelenwärts,
denn deine Seele spricht zu dir.
Gerade JETZT,
erinnert sie dich:
Es ist genug.
Genug des Schmerzes
und der Dunkelheit.
Dies ist deine Zeit.

Intensiv durchschreitest du
Raum um Raum.
Es rüttelt und schüttelt dich.
Manchmal verlierst du
den Mut zu atmen und
der Boden schwankt
unter deinen Füßen.
Die Welt steht still
doch in dir tobt es.

Es ist Zeit für Innenschau,
für Würdigung und Entladung.
Lass es geschehen.
Es ist genug.

Deine Seele lädt dich ein
zu lauschen, zu fühlen
und es zu erlauben.
Sie reicht dir eine Hand von dort,
wo alles heil und ganz ist.
Denn hier liegt ihr Ursprung.

Deine Seele ruft dich.
Es ist Zeit für dich
und deine Heilung.
Sie zeigt dir Bilder
und flüstert Erinnerungen in dein Ohr.
Manches ist schmerzvoll.
Tief und dunkel.
Manches heilsam.
Hell und friedvoll.
Es ist der Sturm
vor dem Frieden in dir.

Es ist deine Zeit,
JETZT.

# Versprechen

Hiermit verspreche ich mir,
liebevoll bei mir zu stehen.
Ich verspreche mir,
mir zu lauschen und
mich anzuerkennen.
Ich verspreche mir,
meinen Schmerz zu achten
und meinen Kummer zu würdigen.

Ich verspreche mir,
meine Tiefe zu umarmen
und meine Tränen zu trocknen.
Ich verspreche mir,
sanft auf mich zu schauen
und mir zu vergeben.
Ich verspreche mir,
ehrlich zu mir zu sein
und meinem Herzen zu folgen.

Ich verspreche mir,
mir zu geben, was ich brauche.
Ich verspreche mir,
mich zu behüten und
meine Grenzen zu waren.

Ich verspreche mir,
mich nicht mehr zu verlassen
und mir treu zu sein.
Ich verspreche mir,
mich zu halten und zu wiegen.

In der Verbindung mit mir
spüre ich Frieden und Heilung.
Ich wähle die Freude,
die Fülle und den Mut,
vollständig zu leben.
Ich segne meinen Weg
und danke mir.
Ich stehe bei mir.

Ich entscheide mich bewusst,
hinauszugehen, zu leben,
zu genießen und zu feiern,
dass ich bin.

# Vertrauen

Vertrauen bedeutet,
nicht frei von Angst zu sein.
Vertrauen bedeutet,
eine Wahl zu treffen.
Es bedeutet,
sich immer wieder zu entscheiden
und dem Leben zuzustimmen.
Samt Zweifel und Erfahrungen.

Vertrauen bedeutet,
bewusst zu handeln,
aktiv zu sein und zu erschaffen.
Es bedeutet,
sich dem Leben hinzugeben.
Anzuerkennen,
dass es ist, wie es ist.
Zu vergeben, was war
und sich selbst zu verzeihen.

Einatmend nehmen wir
alles zu uns
und ausatmend
wählen wir erneut,
zu vertrauen.

Es wird friedlich in uns.

Vertrauen braucht keine Taten
oder großen Worte.
Es braucht Liebe und Güte.
Für uns und den anderen.

Wähle, was du willst.
Sei radikal ehrlich zu dir
und zu deinem Herzen.

Vertrauen ist (d)eine Wahl.

## Die sanfte Kriegerin

Ihr Wirken ist sanft.
Ihre Worte sind stark und tief.
Ihre Stimme ist leise und bestimmt.
Ihre Berührung ist weich und nährend.
Sie geht ihren Weg,
seit vielen Jahren schon.
Behutsam achtet sie alles,
was ihr begegnet.
Sie ist neugierig,
erforscht sich und andere.
Sie fühlt, erinnert und
atmet tief in ihr Herz.

Sie webt Welten und
schmückt deren Kleider.
Sie knüpft Verbindungen
und erinnert die alte Zeit.
Sie schweigt,
wo Worte nicht gehört werden.
Sie singt Melodien,
die erinnern und heilen.
Sie taucht tief und hebt empor,
was längst vergessen schien.

Sie umarmt das Leben
und geht entschlossen ihren Weg.
Sie sät Samen, aus denen
prächtige Blumen keimen.
Sie tanzt anmutig und wild
durchs Leben.

So verbindet sie den Himmel
mit der Erde.
Sie wählt ihren Weg.
Behutsam und klar.
Sie folgt ihrem Herzen.
Sanft und stark.

## Ozeanin

Die Ozeanin erinnert dich.
Sie spielt dir deine Melodie.
Fein, wiegend und beständig.
Sie trägt dich mit Leichtigkeit.
Freudvoll und mächtig zugleich.

Die Ozeanin
spiegelt dir ihre Farben.
Mal scheint sie
blau wie der Himmel,
grün wie das Gras,
grau wie ein Regentag,
golden wie die Sonne,
silbern wie die Mondin,
rot wie Blut,
schwarz wie die Nacht oder
türkis wie das Eis des Gletschers.

Die Ozeanin
tanzt ihr buntes Kleid.
Magisch schwingend,
singend lädt sie dich
zum Verweilen ein.
Ihr Wasser umspielt

deinen Körper geschmeidig
umhüllend.

Du tauchst hinab,
lässt dich sinken,
treiben und umspielen.
Du lauschst dem Himmel
und der Tiefe.
Du gibst dich hin.
Sie wiegt dich sanft.
Leise flüstert sie in dein Ohr
Vergessenes vom Anbeginn der Zeit.

Die Ozeanin
wird dir zur großen Mutter,
die alles trägt und nährt.
Geborgen schmiegst
du dich in ihr Kleid.
Du vertraust den sanften Wellen,
die dich ans Ufer spülen.

Du setzt behutsam
deine Füße auf die Erde
und gehst deinen Weg.

Mit jedem Schritt
erinnerst du dich an Geborgenheit,
Verbindung und Liebe.

## Ankommen und Heimgehen

Wenn wir hier ankommen,
sind wir klein, verletzlich und zart.
Wir wachsen, sammeln Erfahrungen,
gewinnen an Stärke und Mut.
Wir wählen Gefährt*innen für unser Leben.
Manche*r geht, manche*r bleibt.

Mit kindlicher Neugier
wählen wir Abenteuer
wie aus einem bunten Bonbonglas.
Manches schmeckt süß,
köstlich und verheißungsvoll.
Manches bitter, traurig und klebrig.
Wir wählen, weil wir es können.

Wir wachsen weiter,
ändern die Perspektive,
wählen täglich neu,
treffen Entscheidungen.
Das ist unser Weg.
Wir richten uns ein in diesem Leben.
Es ist leicht und schwer,
köstlich und bitter,
sonnig und düster,

friedvoll und stürmisch,
verspielt und kompliziert.
Jede Erfahrung macht uns reicher
und füllt unsere Schatztruhe.

Und dann gibt es den Zeitpunkt,
an dem unsere Truhe gut gefüllt ist.
Wir schauen zurück,
erinnern uns an all das,
was ist und war.
Unser Körper ist müde,
unser Herz voller Liebe,
unser Geist klar.
Innerlich werden wir wieder klein,
verletzlich und zart.
Wir erinnern uns,
dass wir wählen können.
Wir geben uns hin und vertrauen.

Wir träumen uns heim.
Wir lieben mehr,
als es Worte beschreiben können.
Wir wissen,
dass wir stets verbunden sind.

Mit allem was ist und war.
Immer und über alle Grenzen hinaus.

Wir lieben.
Wir danken.
Wir weinen.
Wir gehen auf die Reise.
Mit allem was ist und war.

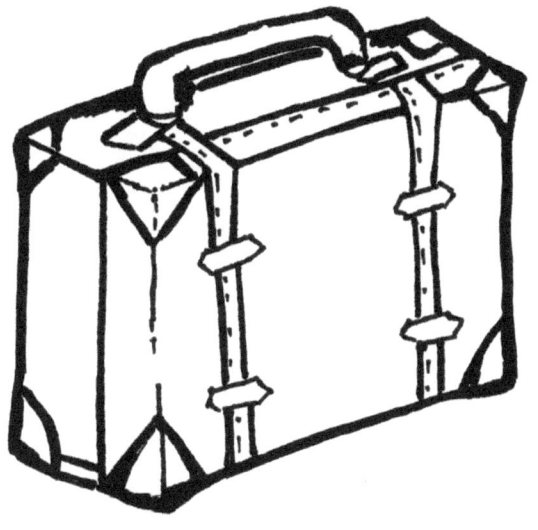

# Baumschwester

Geliebte Baumschwester,
zu dir komme ich,
wenn der Boden mich nicht mehr trägt.
Ich klettere in deine hölzernen Arme
und wiege mich
in deinem schützenden Blätterkleid.
Spüre meinen Körper
im Kontakt zu deiner Baumhaut.
Meine Hand wandert sanft
über deinen Stamm
und spürt die Zeichen,
die die Zeit hinterlassen hat.
Auch du trägst Narben,
die von altem Schmerz zeugen.

Ich hebe den Kopf und schaue
in deine prächtige Krone,
die gen Himmel wächst.
Ich lausche deinem uralten Gesang.
Mein Herz wird weit.

Mein Blick wandert zu deinen Wurzeln,
die flächig verzweigt in die Erde wachsen.
Wild und stark hast du dir Halt verliehen.

Selbst der Stand im Wasser
vermag dich nicht zu erschüttern.
Ich spüre deine Kraft.
Ich schmiege mich an dich,
verbinde mich mit dir.

Mein Atem wird ruhiger und tiefer.
Mein Körper entspannt sich,
mein Blick wird weich.
Ich schaue zu meinen Füßen
und spüre wieder Wurzelkraft in ihnen.
So verankere ich mich mit mir.

Eine Weile bleibe ich mit dir
und trinke mit all meinen Sinnen
die Nahrung, die du mir gibst.

Gestärkt
verabschiede ich mich von dir,
klettere aus deinem Leib
und wende mich
bewusst meinem Leben zu.

Zum Abschied winke ich dir zu.
Ein leises Rascheln ist zu hören,
als du meinen Gruß erwiderst.

Die Sonne wärmt uns,
dich und mich, Schwester.

## Wege

Manchmal verliert sich unsere Spur.
Dann beschreiten wir Pfade,
die sich freud- und endlos anfühlen.
Jeder Schritt fühlt sich zäh an.
Wenn wir in den Himmel schauen,
sehen wir dunkle Wolken, statt die Sonne.
Innerlich weinen wir,
da wir ahnen,
dass wir uns verloren haben.

In diesen Momenten ist es hilfreich,
wenn wir innehalten.
Wir atmen, fühlen und lassen zu,
was in uns lebendig ist.
Wenn wir uns dem zuwenden,
was aus der Tiefe anklopft,
öffnen sich Türen
und Licht scheint in unseren Raum.

Wir sitzen in der Stille,
fühlen und berühren uns
von innen nach außen.
Der Raum beginnt sich zu wandeln.

Wir sehen klarer.
Wir erinnern uns,
dass wir immer die Wahl haben,
einen neuen Pfad zu beschreiten.
Manchmal formt sich dieser Weg
erst durch unser Gehen.

So setze behutsam
einen Fuß vor den anderen.
Spüre, wie der Boden dich trägt.
Schaue in den Himmel
und erinnere dich daran,
dass die Sonne immer da ist.
Betrachte deine Umgebung.
Du wirst um dich herum
pure Schönheit finden.
Jedes Blatt, jeder Halm, jede Blüte
singt ihr Lied für dich.

Zaghaft stimmst du ein
und summst sanft vor dich hin.
Es breitet sich aus.
Deine Melodie
verbindet die Räume in dir.

Es wird bunter und freudvoller in dir.
Du schaust dich um und bedankst dich
bei deinem alten Weg.

Du richtest dich aus
und folgst der neuen Spur.

## Schwester

Hier stehe ich.
Seite an Seite mit dir.
Wir halten einander
an den Händen.
Wir berühren einander
mit unseren Herzen.
Wir schauen uns an
und erkennen uns.

Du bist ich
und ich bin du.

Du trägst ein anderes Kleid,
einen anderen Körper,
anderes Haar und deine Stimme
hat ihren eigenen Klang.
Und doch sind wir eins.
Ich fühle dich, als wäre ich ein Teil
von dir, denn unsere Herzen
tanzen im selben Takt.

Wenn du lachst, lache ich mit dir.
Wenn du weinst, weine ich mit dir.
Wenn der Schmerz dich zu Boden wirft,
falle ich mit dir.

Wenn die Freude
in deinem Bauch tanzt,
tanze ich mit dir.
Wenn du jubelst,
jubiliere ich mit dir.

Du bist ich
und ich bin du.

Wir berühren einander.
Wir öffnen einander die Wunden.
Wir teilen Schmerz wie Freude.
Wir geben uns hin.
Wir wissen, wir sind miteinander.
Wir vertrauen auf die Kraft
die uns durchs Leben trägt.

Seite an Seite schreiten wir weiter.
Jede für sich und dennoch verbunden.
Wir lieben uns ins Leben zurück.
Wir wagen neue Schritte.
Schulter an Schulter.
Wir würdigen was war
und segnen was kommen will.

Wir folgen den Pfaden
die uns rufen.
Wir sind bereit.

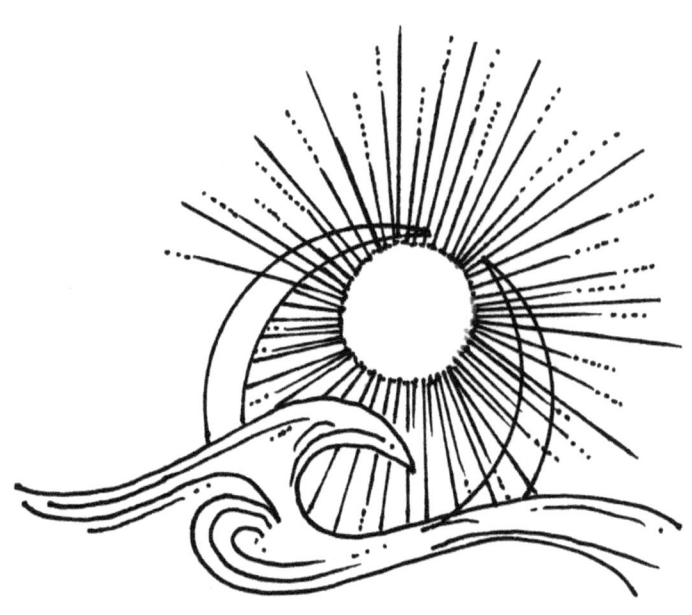

# Sie ist Sonne

Sie ist der Erde große Schwester.
Sie ist Zentrum und Kraftquelle
für die Entstehung von Leben.
Sie pulsiert lebendig, kraftvoll und roh.
Sie reist durchs All
und wandelt Elemente in Energie.
Sie wärmt Mensch, Tier und Natur.
Sie verbrennt, was schutzlos sich zeigt.
Ihr farbiges Kleid zeugt
von Lebendigkeit und Wildheit.

Sie hütet sich nicht.
Sie hält nichts zurück.
Sie strahlt am Himmel.
Tag um Tag.

Ihre Kraft ist unbändig, wild und magisch.
Sie erhellt die dunkelsten Ecken
und transformiert Schattenräume.
Sie ist stets da,
wenn des nachts auch unsichtbar.
Sie wird verehrt, besungen und betanzt.
Sie ist Symbol für Lebendigkeit.

Sie schenkt uns Licht und Wärme.
Sie schafft Struktur für Mensch und Natur.

Mit ihrer Kraft
lässt sich Feuer entzünden.
In alten Mythen
wird sie durch Götter geformt
und vom Wolf verschlungen.

Sie ist der Erde große Schwester.
Sie ist die Mutter der Lebendigkeit.
Sie ist was sie ist.
Sie ist Sonne.

# Von allem zu viel

Sie sagten dir du seist zu viel.
Von allem zu viel.

Sie sagten du seist zu laut,
dein Humor zu krass,
deine Stimme zu leise,
deine Energie zu wild,
deine Gefühle zu intensiv,
deine Berührung zu innig,
dein Blick zu nah,
deine Nähe zu viel,
dein Körper zu kräftig,
dein Verhalten zu unsicher,
dein Wissen zu gering,
dein Wesen zu empfindlich,
dein Weg zu unentschlossen,
deine Arbeit zu langsam,
deine Angst zu groß,
deine Trauer zu überzogen,
deine Entscheidungen zu willkürlich,
deine Bewegungen zu ungeschickt,
deine Wünsche zu unrealistisch,
deine Reaktionen zu unüberlegt,

deine Haut zu dünn,
dein Herz zu groß,
deine Haltung zu krumm.

Du glaubtest, was sie sagten.
Viele Jahre vergingen.
Du bliebst von allem zuviel.
Das glaubtest du.
Als alles zu viel wurde,
gabst du auf.
Du ergabst dich den Stimmen,
die nicht verstummten.

Aus deiner Tiefe drang ein Schrei,
der zu leise war für fremde Ohren.
Dein Körper reagierte und
schickte dir Botschaften.
Es verging Zeit,
bis du sie verstehen konntest.

Deine Ohren lauschten den Stimmen
und du begannst zu erkunden,
woher sie kamen.
Sie riefen dir jubelnd zu.

Endlich wurden sie gehört.
Endlich warst du dort,
wo sie dich erreichen konnten.
Stille breitete sich in dir aus.
Entspannung fand dein Herz.

Du erkanntest, dass diese Stimmen
aus deinem Inneren kamen.
Aus deinen tiefsten Tiefen.
Sie hatten lange gewartet.

Anfangs sprachen sie
in der Sprache der Liebe zu dir.
Als klar wurde, dass du sie überhörtest,
wählten sie eine andere Sprache.
Diese traf und tat weh.
Bis du dich ihnen zuwandtest.
Da fanden sie Ruhe,
legten sich müde nieder,
um sich auszuruhen.
Friede breitete sich aus.
Und Liebe.

Du erkanntest:
Ich bin stets genug.
Ich bin wichtig.
Ich bin geliebt.
Ich liebe.

# Die Hüterin

Sie ist ein machtvolles Wesen.
Geboren aus der Tiefe der Erde
mit Flügeln, die in den Himmel ragen.
Ihre Natur ist ursprünglich,
rein, kraftvoll, natürlich
und von größter Weisheit geprägt.
Alles was sie sieht, webt sie
zu einem warmen Mantel des Vertrauens.

Ihre Arme breitet sie voller Güte aus,
um zu umfangen, was gehalten werden mag.
Kraftvoll hält sie den Raum für Veränderung.
Liebevoll streichelt sie, was schmerzt.
Achtsam hütet sie die inneren Kinder,
die nach Aufmerksamkeit rufen.
Ein jedes findet in ihren Armen Platz.

Dem Ruf ihres Herzens
folgt sie bedingungslos.
Sie sammelt Schätze
und Stimmen aus allen Welten.
Hieraus wirkt sie den Teppich der Weisheit,
der alles trägt.

Nichts ist verloren,
denn sie erinnert sich
und singt klangvoll
die Lieder der Reisenden.

Behutsam berührt sie,
was in der Dunkelheit auf Erlösung wartet.
Sanftmütig streichelt sie,
den Kummer, bis er schläft.
Die Tränen trocknet sie
mit ihrem warmen Atem.
Sie nährt, was im Mangel scheint.
Ihre Augen strahlen wie Sterne
und ihre Stimme öffnet Herzen.

Ihre Aufgabe empfindet sie als pure Freude.
Ihr inneres Feuer brennt stetig und wärmt
alles, was in ihre Nähe kommt.
Sie ist eine Hüterin.

Kraftvoll steht sie
mit beiden Beinen auf der Erde.
Ihr Blick wandert zu den Sternen.

Von Zeit zu Zeit pflückt sie
eines der Sternenkinder vom Himmel
und pflanzt es in diese Welt.
Sie hütet und schützt es,
bis es lichtvoll strahlen kann.

Hierfür ist sie gekommen.
Sie bereitet den Boden
für Liebe und Verbundenheit.
Sie ist gekommen,
um zu hüten und zu schützen.
Zu erinnern und zu bewahren.

Sie wandert durch die Zeiten,
um Herzen zu öffnen
und Wunden zu schließen.
Sie folgt ihrem Ruf.

Sie ist eine Hüterin.

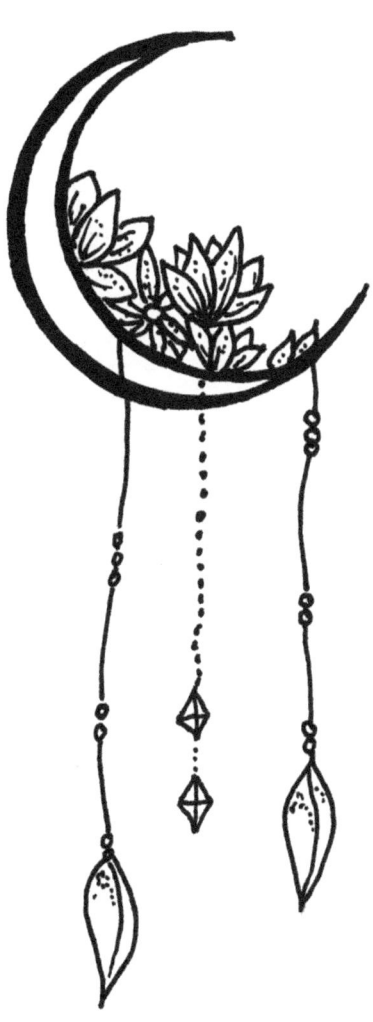

# Wächter

Dort steht er: der Wächter.
Bei Tag und bei Nacht.
Niemals verlässt er seinen Platz.
Regen prasselt in sein Gesicht.
Kälte durchströmt seinen Körper.
Die Sonne hat seine Haut faltig
werden lassen.
Sein Blick ist durchdringend.
Ihm entgeht nichts.

Dort steht er bei Tag und bei Nacht.

In seiner rechten Hand die Lanze.
In der linken den Schild.
Eine Waffe zum Kampf
und ein Schild zur Abwehr.
Er beherrscht die Kunst der Verteidigung.

Er erfüllt sein Versprechen.
Er gab dir sein Wort,
dich niemals zu verlassen.
Dich zu schützen vor Schmerz.
Er weiß um deine Wunde.
Er kennt deinen Kummer.
Er hört deinen stummen Schrei.

Er hält die Lanze fest in der Hand.
Er gab dir sein Wort.
Einst vor langer Zeit.

Dort steht er an deiner Seite.

Du weißt, nun ist es Zeit.
Du erinnerst dich an ihn
und sein Versprechen.
Du sehnst dich nach Frieden
und Heilung in dir.
Du sprichst zu ihm.

Du dankst dem Wächter für seine Treue.
Die Zeit des Abschieds ist gekommen.
Liebevoll schaut ihr euch in die Augen.
Er wendet sich um und geht seinen Weg.

Du wählst erneut, dein Herz zu öffnen
und willkommen zu heißen,
was sich zeigen will.
Es macht dich lebendig.
Du folgst deinem Pfad.
In Dankbarkeit für den Wächter.

## Tränen

Aus der Tiefe steigt sie auf.
Passiert jedes Hindernis.
Sanft fließt sie über dein Gesicht.
Zart benetzt sie deine Haut.
Unaufhaltsam
bahnt sie sich ihren Lauf.
Altes weicht auf.
Spült es hinaus.
Deine Seele jubelt.
Mit jeder Träne.
Kruste um Kruste löst sich.

Die Zeit ist reif.
Heilung kehrt ein.
Dein Seelengrund
wird zu Humus.
Neues gedeiht.
Die Samen sind gesät.
Zeit. Liebe. Zuwendung.
Mehr braucht es nicht.

Ein Same wird zur Knospe.
Die Blüte entfaltet sich.

Deine Tränen sind Dünger.
Warm. Salzig. Nährend.
Nichts ist verloren.

Ehre deine Tränen.
Sie sind Balsam.

## Schatz

Schau dich um.
Fühle. Rieche. Atme.
Nimm auf.
Spüre deinen Körper.
Nimm wahr.

Halte inne.
Erlaube Stille.
Forsche. Erinnere. Achte.
Lausche dir.
Wende dich nach innen.
Schau dich um.

Bleib bei dir.
Bedachtsam. Neugierig. Liebend.
Folge dir.
Empfinde dich.
Staune. Bebe. Tanze.
Kehre ein.

Nimm wahr.
Erfahre dich.
Von innen heraus.

Fühle die Schätze.
Erkenne. Danke. Lächle.
Erinnere.
Du bist.
Schatz.

## Suche

Dein Blick streift durchs Zimmer
auf der Suche nach Halt.
Einem Ort, an dem du verweilen kannst.
Durchatmen. Kraft schöpfen. Sein.

Unruhe durchrieselt deinen Körper.
Dein Geist sucht nach Antworten.
Und nach Stille.
Du legst dich hin. Müde.
Erschöpft von der Suche.
Ein Leben in Fragen.
Wohin und wozu?

Schlaf findet dich.
Ruhelose Träume
ummanteln dich.
Forschend gibst du dich hin.
Fühlst. Atmest. Tauchst tief.
Tiefer. Dunkelheit. Stille.

Dein Atem trägt dich.
Du sinkst hinab in die Tiefe.
Nichts ist sichtbar.
Plötzlich nimmst du wahr.

Klänge. Pulsierend. Lebendig.
Fühlend näherst du dich.

Es wird lauter.
Du folgst dem Ton.
In dir beginnt es zu summen.
Lebendig. Sanft. Berührend.
Rhythmisch. Beruhigend.
Du kommst näher.

Ohne die Augen zu öffnen,
siehst du. Hier ist er.
Der Ort den du suchst.
In dir. Türen öffnen sich.
Du trittst ein.
Willkommen daheim.

## Im Kreis

Ich lege mich in den Kreis derer,
die sehen.
Ich lege mein Herz in den Kreis derer,
die fühlen.
Ich lege meine Seele in den Kreis derer,
die meine Seele tanzen lassen.
Ich lege meinen Kummer in den Kreis derer,
die hüten.
Ich lege meine Freude in den Kreis derer,
die umarmen.
Ich lege mein inneres Kind in den Kreis derer,
die halten.

Ich lege mich mit allem, was ich bin,
zu dir in den Kreis.

Seite an Seite.
Herz an Herz.
Bauch an Bauch.

Gemeinsam atmen wir.
Liebe. Geborgenheit. Schutz.

Mein Herz ist dein Herz
und dein Herz ist mein Herz.

# Herzgeschenk

Mein liebes Herz,
heute schenke ich dir:

**Zuversicht**
für das, was kommen mag.
**Güte**
für dich und den anderen.
**Sanftmut**
für das, was schmerzt.
**Mut**
für einen nächsten Schritt.
**Liebe**
für die Samen, die in der Tiefe schlummern.
**Vergebung**
für all jenes, was dich verletzt hat.
**Freude**
für deinen Tanz mit dem Leben.
**Magie**
für Momente voller Zauber.
**Zustimmung**
für alles, was ist.
**Frieden**
für dein Seelengewand.

# Schatten

Manchmal ist es schwer,
meinen Blick zu heben.
Manchmal wehrt sich alles in mir,
in Verbindung zu gehen.
Manchmal schmerzt mein Herz so sehr,
dass es aufhören könnte zu schlagen.
Manchmal ist der Kummer zu mächtig,
um ihn hinauszuschreien.
Manchmal ist es dunkel und eng in mir.
Manchmal vermag ich den Himmel
nicht zu fühlen.
Manchmal braucht es eine Hand,
die mich hält und eine Stimme,
die mir Mut zuraunt.

Gemeinsam gelingt uns Erinnerung
und das Fühlen von Lebendigkeit,
von Neugier, von Liebe, von Sanftheit,
von Lebenslust, von Nähe und Verbindung.

Dann erinnern wir uns,
dass die Tage aus Licht und Schatten bestehen.
Dann erinnern wir,
dass im Dunkeln das Licht besonders strahlt

und dass Helle aus der Nacht geboren wird.
Dann erinnern wir,
dass Licht ohne Schatten nicht existiert.

Wir wenden uns dem Schatten liebevoll zu.
Wir umarmen ihn.
Flüstern ihm sanft ins Ohr.
Aufmerksam wendet er sich uns zu.
Er lauscht, beobachtet und fühlt,
ob er gemeint ist. Er braucht Zeit,
um zu sein. Mit allem, was er mitbringt.

Nach einer Weile des Beisammenseins
kehrt Ruhe ein.
Entspannung breitet sich aus.
Müde legen wir uns zu dem Schatten.
Wir umarmen ihn, wir wiegen ihn.
Langsam schließt er die Augen.
Seelig wird sein Ausdruck.

Es ist gut.
Es wird friedlich in uns
mit allem, was wir sind.

## Das Mahl

Die Tafel ist gedeckt.
Die Gäste geladen.
Alle haben zugesagt.

Angst nimmt neben mir Platz.
Trauer sitzt gegenüber am Tisch.
Die Wut am Kopfende.
Der Kritiker neben ihr.
Schuld und Scham,
sitzen wie Geschwister nebeneinander.
Sie necken sich.
Hilflosigkeit und Ohnmacht
tragen die gleichen Kleider.
Hand in Hand schlendern
sie zu ihrem Platz.
Der Zweifel setzt sich zwischen sie.

Etwas verspätet kommt Freude dazu,
Hoffnung im Gepäck.
Humor tanzt ausgelassen
durchs Nebenzimmer.
Mut hat das Sofa für sich entdeckt.
Liebe strahlt durch den Raum.
Sie will sich nicht festlegen.

Vertrauen setzt sich auf den
noch freien Platz neben mir.
Sie streichelt meine Hand.

Die Tafel ist gedeckt.
Alle sind gekommen.
Das Mahl ist zubereitet.

Ich klinge mit der Gabel an mein Glas.
Willkommen, tönt es leise in die Runde.
Schüchtern hebe ich meinen Blick.
Schaue mich um.
Aufregung erfüllt mein Herz.
Stärkend spüre ich Vertrauen
an meiner Seite.

Die Kleine auf meinem Schoß
kuschelt sich eng an mich.
Leise flüstere ich ihr zu.
Sie entspannt.
Ihre Augen schließen sich.
Ihr Atem fließt.
Sanft. Beständig. Lebendig.

Die Tafel ist gedeckt.
Alle sind gekommen.
Sie wenden sich mir zu.

Danke, murmele ich zaghaft.
Danke, dass ihr gekommen seid.
Danke, für das, was ihr mitbringt.
Danke, dass ich nicht alleine bin.

Ich fühle ihre Blicke.
Stille schwebt durch den Raum.
Dann ein Aufatmen,
ein kleines Seufzen,
ein schelmisches Lachen,
ein erleichtertes Weinen,
ein lustiges Schimpfen.

Alle sind gekommen.
Gemeinsam sitzen wir am Tisch.
Unsere Hände finden sich.
Ich schaue in die Runde.
Dankbar atme ich ein und aus.
Ein und aus. Ein und aus.

Stille findet mich.
Vertrauen. Entspannung.
Dankbarkeit. Mut. Hoffnung.
Liebe. Sie ist überall.
Umarmt jeden meiner Gäste.
Freude stimmt ein Lied an.

Alle stimmen ein.
Das Mahl beginnt.

## Wortwesen

Wortwesen
flüstern leise
im Verborgenen.
Schenken Deutungen,
Interpretationen und Optionen.

Wortwesen
kitzeln, erinnern und berühren
unbewusste Innenwelten.
Behutsam weben
sie Sinnliches
als auch Bedenkliches.

Wortwesen
öffnen Türen und
erschaffen Räume.
Sie laden zum Verweilen ein.
Manch eine Tür
wandelt sich zum Tor.

Durchschreitend
erfährt sich Mensch.
Lauschend
ergibt sich Sinn.

Fragend
findet sich Klarheit.
Lesend
wandelt sich Wissen
in Weisheit.
Durchfühlend
verbinden sich Herz
und Verstand.
Flüsternd
formen sich Wege.

Wortwesen
locken, inspirieren und spielen
mit dem Unbekannten.
Manche tanzen
auf dem Papier.
Manche weben
seelenvolle Lieder.
Manche reisen
bis zum Lebensgrund.

Behutsam
folgen wir ihrer Spur.

# Perspektivwechsel

Ich sehe eine Mutter,
sie sorgt sich um ihr Kind.
Sie liebt.
Ich sehe einen Mann,
er sorgt sich um seine Frau.
Er liebt.
Ich sehe ein Kind,
es sorgt sich um seine Großeltern.
Es liebt.
Ich sehe eine Lehrerin,
sie sorgt sich um ihre Schüler.
Sie liebt.
Ich sehe eine Arbeitgeberin,
sie sorgt sich um ihre Angestellten.
Sie liebt.
Ich sehe eine Künstlerin,
sie sorgt sich um ihre Existenz.
Sie liebt.

Ich sehe Menschen.
Sie haben Angst.
Sie weinen.

Ich sehe ein Boot.
Mit Menschen.
Es droht zu kentern.

Ich sehe Sorge.
Kummer und Angst.
Ich sehe Verzweiflung.
Not und Schmerz.
Ich sehe Dunkelheit.
Wolken und Abgründe.

Ich sehe Menschen.
Sie schauen sich an:
Die Mutter ihr Kind.
Der Mann seine Frau.
Das Kind seine Großeltern.
Die Lehrerin ihre Schüler.
Die Arbeitgeberin ihre Angestellten.
Die Künstlerin den Künstler.

Sie erinnern sich.
Sie halten einander.
Sie lieben.

Sie sind Menschen.
In einem Boot.
Sie steuern.
Hand in Hand.
Gemeinsam.
Dem Horizont entgegen.

Sie singen.
Komme was wolle.
Hoffnung findet zurück.
Vertrauen kommt an Deck.
Der Himmel reißt auf.
Der Sturm verstummt.
Die Sonne wärmt.

Ich sehe ein Boot.
Mit Menschen.

## Die Seiltänzerin

Ihr Blick wandert in die Ferne.
Sie erinnert sich.
Jahre sind vergangen.
Gefühle steigen auf.
Als auch Bilder.
Einige farblos. Andere bunt.
Ein Potpourri an Vergangenem.

Ihr Blick wandert nach Innen.
Sie erinnert sich.
An ein Kind, das alles liebte.
Farben. Gerüche. Eindrücke.
Zauber samt Magie.
An einen Ort in ihr, der heilig blieb.
Gefüllt mit Geborgenheit und Liebe.
Ihr Atem strömt friedlich ein und aus.

Ihr Blick wandert zu diesem Moment.
Sie schaut auf ihr Leben.
Ein Seil schwingt vor ihr.
Fest. Kraftvoll. Sicher.
Ihr Fuß gleitet voran.
Achtsam und bedächtig.
Der andere folgt.

Ihr Blick wandert zu dem Stab
in ihrer Hand.
Musik ertönt. Zart und leise.
Sie balanciert.
Oktave um Oktave.
Sie schließt ihre Augen.

Vertrauensvoll lauscht sie ihrer Melodie.
Sie führt sie in einen Tanz.
Leichtfüßig bewegt sie sich.
Mal zart. Mal kraftvoll. Mal still.
Sie ist sicher auf dem Seil.
Es ist ihr Leben. Es schwingt.
Leicht. Dynamisch. Stabil.

Aus der Höhe erkennt sie
die Schönheit des Lebens.
Mit all seinen Farben, Nuancen,
Tönen und Bewegungen.
Sie tanzt auf dem Seil.
Sie gibt sich hin.
Sie lebt. Sie liebt. Sie dankt.

Ihr Blick wandert in den Himmel.
Sie lächelt. Sie erinnert sich.
An Leben. An Liebe.
An Erfahrungen. An Freude.
Sie tanzt dem Firmament entgegen.

## Herzlicht

Herzensnah,
wärmend,
leuchtet in dir
stets ein Licht.
Seelentief
erinnert es
an Liebe und Verbindung.

Atmend
heilt es Kummer und Angst.
Pulsierend
transformiert es
Schatten in Licht.

Hüte dein Herz,
sorge für dich,
liebe dich
mit allem was ist.

# Entfaltung

Eng ist es, dunkel und hart.
Mühsam ruckele ich durch die Schichten.
Durchdringe die braune Schale.
Einen Augenblick verweile ich.
Atme hinein in den Raum,
der entsteht.
Ich räkele mich und dehne mich aus.
Spüre meine Kraft
aus der tiefen Verbindung
zum Muttergrund.

Zart pulsierend formt sich
aus meiner Knolle das erste feine Blatt.
Es wächst dem Licht entgegen.
Absichtslos und unaufhaltbar.
Weitere Blätter folgen.
In ihrer Mitte prangt die Achse,
an der die Knospe schlummert.

Ich atme tief ein und aus
und puste mit aller Kraft
in die Knospe hinein.
Sie entfaltet sich
in all ihrer Schönheit und Magie.

# Seelentief

Ich erinnere mich an Zeiten,
in denen wir uns tief im Herzen begegneten.
Dort nutzten wir eine Kommunikation,
die frei von Worten war.
Fühlend schauten wir einander.
Dies war unsere Sprache.

Ich erinnere mich an Liebe ohne Trennung.
Ein gemeinsames Fließen.
Mal vereinten wir uns
und tanzten so eine zeitlang miteinander.
Dann lösten wir uns liebevoll
und flossen, wohin unser Klang uns rief.
Wir nährten einander
durch die Verbindung unserer Energien.

Manchmal verspüre ich
einen tiefen Schmerz der Trennung,
die dieses Leben mit sich bringt.
Suchend erblicke ich Menschen
in der Hoffnung,
dass sie sich wie ich erinnern.
Mein Herz sehnt sich
nach wahrer Verbindung.

Gerne öffne ich Herz und Hände
um zu erinnern.
Heimat ist ein weites Wort.
Lasst sie uns erinnern.

Ich säe den Samen,
den ich einst empfing
und gebe ihn als Funken weiter.
Von Herz zu Herz.

# Wortgeflüster

Worte
weben
Wahrheit
weise
wesenhaft
wundersam
weitreichend
wahrhaftig
wirksam

# Gefährten

Du kennst sie.
Die inneren Gefährten.
Sie begleiten dich
von Anbeginn
und reisen mit dir
durch dein Leben

Manche laut,
manche leise.
Manche wild,
manche zart.

Manch einer versteckt
sich dein Leben lang.
Selbst auf der Suche
findest du nichts.

Andere zeigen dir Wege
und Möglichkeiten.
Ein jeder tut
was er meint,
um gut für dich zu sorgen.
In allen wirkt eines:
Liebe.

# Nachklang: Was mich bewegt

Die letzten Wochen des Jahres 2020 neigen sich dem Ende entgegen. Was für ein Jahr! Niemand wusste, was auf uns zukommt und niemand weiß, wie es weitergeht, denn Pläne sind nahezu unmöglich. Letztlich sind wir aufgefordert, bedingungslos im Hier und Jetzt zu sein und mit dem zu gehen, was sich zeigt. Es gibt Wünsche, Visionen, Vorhersagungen und Ahnungen für die kommende Zeitenwende, doch es bleibt verschwommen. Es ist ein Bewusstseinsraum, der ahnbar ist und noch nicht vollständig betreten werden kann. Viele können ihn spüren und sich vertrauensvoll der Zeitqualität hingeben.

Gelingt es mir selbst? Teilweise schon und gleichzeitig schwimme ich mit im Gezeitenstrom, der aufwühlt und vieles ans Licht bringt. Meine Wahl war und ist es, mich diesem Prozess voll und ganz hinzugeben. Und ja, ich tauche tief. Sehr tief. Manchmal zu tief, finde ich. Dennoch kehre ich stets zurück. Mir kommt gerade das Bild eines

Apnoe-Tauchers vor mein inneres Augen.
Ohne Sauerstoff geht es hinab und immer
tiefer in die Dunkelheit des Ozeans hin-
unter. Was auch immer sich dort findet, ich
bringe es mit an die Oberfläche. Dort darf
es gesehen, gefühlt und erinnert werden.
Aus diesen Erfahrungen entsteht so
mancher Text. Ich tauche ein in den
Seelenstrom. Manchmal in meinen eigenen
und manchmal in den kollektiven. Was ich
fühle, übersetze ich in Worte. Das geschieht
bereits während der Reise.

Dieses Jahr hat ein Virus die Welt zum Still-
stand gebracht. Es hat uns Menschen er-
schüttert und unser Vertrauen auf die Probe
gestellt.

Gleichzeitig hat es uns feinfühliger, offener,
demütiger, nachdenklicher, bewusster und
dankbarer gemacht. Mich hat es nachhaltig
berührt und mich achtsamer werden lassen.
Achtsamer in meinen Gedanken, achtsamer
in meinen Gewohnheiten, achtsamer in

meiner Wahrnehmung, achtsamer in meiner Sprache und in meinem Fühlen. Viele Selbstverständlichkeiten haben sich nahezu aufgelöst. Mein Bewusstsein hat sich gedehnt. So könnte ich es beschreiben.

Diese Zeit hat Vieles in Frage gestellt und Prozesse angestoßen, die sich in Wellen fortführen werden. Wir erinnern uns daran, dass all das, was wir lange lebten, nicht selbstverständlich ist. Nähe, Kontakt, Verbindung und Gemeinschaft bekommen eine größere Bedeutung und einen tieferen Sog. Nichtwissend betreten wir neue Räume und erinnern uns an unsere kreative Schöpfer*innenkraft. Neues wird entstehen.

Das Besondere an diesem Band der Seelenpoesie ist, dass alle Texte während der Corona Zeit entstanden sind. Im März 2020 fragte ich mich, ob es sinnvoll sei Band eins während des Lockdowns zu veröffentlichen. Doch meine Intuition rief sehr laut JA und ich tat es. Im Rückblick würde ich sagen, dass es genau die richtige Zeit für meine Gedichte war. Das spiegelt sich in der weiten Resonanz wider. Für mich persönlich ist das Schreiben meiner Gedichte zu einem liebe- und wertvollen Anker geworden. Es trägt mich durch diese besondere Zeit. Die Zeit des Wandels und der tiefen Gefühle. Es ist mehr denn je an der Zeit, sich mit den eigenen Innenwelten vertraut zu machen und zu fühlen was gefühlt werden möchte.

*»Wir leben in einer Welt in der uns beigebracht wird zu denken, dass wir Wesen sind, die auch fühlen. Aber eigentlich sind wir fühlende Wesen, die denken.«*
*Jill Bolte Taylor, Neurowissenschaftlerin*

Mit meinen Worten möchte ich dich berühren, dich einladen, dich erinnern, dich trösten, dir Mut zusprechen und dich auf deinem Weg begleiten. Fühle soviel du kannst, sei wer du bist und teile dich der Welt mit. Danke, dass du hier bist.

In Verbundenheit, Alexandra
Im Dezember 2020

# Danke...

♥ Ich danke dir, liebe*r Leser*in, für deine Zeit, deine Offenheit, deine Neugier und für dein weites Herz. Mögen dich meine Worte an das Wesentliche erinnern. Mögest du in Zeiten der inneren Dunkelheit, Trost in diesen Zeilen finden. Mögest du dich stets verbunden und geliebt fühlen.

♥ Zutiefst berührt bin ich von dem weitreichenden Zuspruch, den meine Gedichte erfahren haben. Band eins der Seelenpoesie hat viele Menschen erreicht und berührt. Nun weiß ich, dass es eine gute Entscheidung war, das Buch im April 2020 zu veröffentlichen. Möge Band zwei dich ebenso liebevoll begleiten.

♥ Danke lieber Eckhard, für dein berührendes Vorwort. Danke liebe Maika, für dein stimmungsvolles Foto für das Cover dieses Buches. Danke liebe Eva, für die wundervollen Zeichnunngen.

♥ Danke geliebte Familie, Freund*innen, Wegbereiter*innen und Begleiter*innen.

# Anhang

## Rückmeldungen zur Seelenpoesie - Worte, die das Herz berühren (Band 1)

Danke für Deine HEILsamen, berührende Worte. *Claudia*

Ich danke dir von ganzem und aus tiefstem Herzen, liebe Alexandra, du Seelenpoetin, Herzenswortweberin und Schönheitsbringerin – dein Einfühlen, dein Sein, deine Worte beschreiben in einer heilig-heilsamen Weise, was die Wahrheit aller Stirb-und-Werde-, Heilungs- und Wandlungsprozesse ist in solch umfassend und wundervoll schöner Weise – ich danke dir und segne dich und umarme dich. Möge der Segen, den du mit uns teilst, vieltausendfach zu dir zurückfließen.
*Katharina*

Liebe Alexandra, vielen lieben Dank für deine Worte. Sie dringen tief ein ins Innere und berühren! Es ist so wichtig, uns wieder zu erkennen! Somit bringst du mit deinen

Worten Heilung in unser Leben – HERZlichen Dank. *Sylvia*

Alexandra kreiert mit ihrer wunderbaren Poesie eine magische Verbindung zwischen Kopf und Herz. Spielend leicht tanzt jedes ihrer einzelnen Worte eine Formation zu einem tief berührenden Bild, in dem ich mich beim Lesen sofort zuhause und verstanden fühle. Auf diese wundersame und sanfte Weise heilen ihre Gedichte da, wo ich am verletzlichsten bin, und treffen dabei mitten ins Herz. Danke, dass du den Mut hast, deine kostbare Gabe nach außen in die Welt zu tragen. So beginnt Heilung! *Maika*

„Seelenpoesie - Worte, die das Herz berühren" ist ein Liebesbrief an alle Empfindungen aus tiefstem Herzen. In wunderschönen Gedichten werden Gefühle schonungslos offenherzig, hingebungsvoll und voller Mitgefühl beschrieben. Die Autorin lässt

ein liebevolles Bewusstsein für das Leben selbst erblühen, mit all seinen Herausforderungen und all seiner Schönheit. Ihre Worte schenken Mut. Mut zur Traurigkeit. Mut, etwas auszuhalten, bis es sich in all seiner Wahrheit offenbart hat. Mut, etwas Neues auszuprobieren. Mut, zu sein, wie man ist. „Seelenpoesie" ist eine warmherzige Umarmung, ein lichtvolles, zärtliches „Ja" zu allen Emotionen. Grade in der heutigen Zeit empfinde ich dieses kleine Buch als eine große Bereicherung! Ein kraftvoller Begleiter durch alle Gezeiten. DANKE!
*Claudia*

Ein Buch voller Liebe und Magie. In diesem Buch ist soviel Liebe drin. Die Zeilen haben mich von der ersten Seite an in die Tiefe meiner Seele eintauchen lassen. Eine Poesie, die mich zutiefst berührt. Immer wieder lese ich darin und bin begeistert, welche Magie in diesen Zeilen steckt.
*Ulrike*

Ein Must-have für Menschen in Wandlungsprozessen! Ein schöner Begleiter im Alltag.

Die Autorin findet Worte für Gefühls-
zustände, die so sanft und ergreifend sind
und den sprachlosen Raum sichtbar ma-
chen. Ein Buch für PoetenInnen und Schatz-
sucherInnen. Ein Muss für Menschen in
tiefen Prozessen. Ich bin berührt und
getragen. *Bianca*

Alexandras Seelenpoesie liegt auf meinem
Nachttisch. Ab und an schlage ich intuitiv
eine Seite auf. Das Gedicht, das auftaucht,
trifft jedes Mal den Kern des Moments. Ich
gehe in Resonanz mit Alexandras Worten.
Sofort öffnet sich ein Feld. Ein Feld von
Verständnis, Gehaltensein und einem
wahrhaftigen „alles darf sein!". Wie eine
liebevolle Umarmung, durch die die Um-
armenden miteinander in die Tiefe tau-
chen! Wie schön, dass die Seelenpoesie in
der Welt ist! *Jumana*

**ISBN:**
Paperback 978-3-347-04123-3
Hardcover 978-3-347-04124-0
e-Book 978-3-347-04125-7

Sich selbst zu entdecken
ist das größte Geschenk,
welches wir uns im Leben
machen können.

Alexandra Thoese

## Die Autorin

Alexandra Thoese (Jg. 1969) lebt mit ihrer Familie in Bremen. Sie schreibt Gedichte und Geschichten, die Gefühle in Bilder aus Worten übersetzen. Als feinsinnige Mentorin begleitet sie intuitiv und empathisch Menschen auf ihrem Herzensweg und in ihre Kraft.

**www.alexandrathoese.de**

**facebook:**
www.facebook.com/
alexandra.thoese
www.facebook.com/
seelenpoesie.alexandrathoese

**Instagram:**
www.instagram.com/
alexandra.thoese_seelenpoesie

**Zum Anhören**
YouTube: www.bit.ly/38wZqB3
Vimeo: www.vimeo.com/alexandrathoese

# Ebenfalls erschienen bei tredition:

**Seelenpoesie –
Worte, die das Herz berühren**

Band 1 ist über den Verlag, den Handel
oder Alexandras Webseite bestellbar:
www.tredition.de/buchshop
www.alexandrathoese.de/gedichtband

**ISBN:**
Paperback 978-3-347-04123-3
Hardcover 978-3-347-04124-0
e-Book 978-3-347-04125-7

FSC
www.fsc.org

MIX

Papier | Fördert
gute Waldnutzung

FSC® C083411

Zeitfracht Medien GmbH
Ferdinand-Jühlke-Straße 7
99095 Erfurt, Deutschland
produktsicherheit@kolibri360.de